小跳豆 Jumping Bean 幼兒好習慣情境故事系列

公德心

新雅文化事業有限公司

www.sunya.com.hk

小跳豆
幼兒好習慣情境故事系列

跟着跳跳豆和糖糖豆一起養成好習慣！

　　從小培養幼兒的好習慣是很重要的事，家長只要在他們成長的關鍵時期，給予合理的引導和訓練，孩子就會養成良好的習慣。另一方面，這時期的孩子對一些行為背後的道理也不能完全明白。因此家長更要抓住時機，循循善誘，避免孩子養成不良習慣。

　　《小跳豆幼兒好習慣情境故事系列》共6冊，針對3-7歲孩子在日常生活中面對的問題和需要學習的處境，分為六個不同的範疇，包括生活自理、清潔衛生、與人相處、社交禮儀、公德心和公眾場所。透過跳跳豆、糖糖豆以及好友們的經歷，帶領孩子面對各種在成長中會遇到的問題，並引入選擇題的方式，鼓勵孩子思考解決問題的方法。

　　書末設有「親子説一説」和「教養小貼士」的欄目，給家長一些小提示和教育孩子的方向，幫助家長在跟孩子進行親子閱讀時，一起討論他們所選擇的結果，讓孩子明白箇中道理。「我的好習慣」的欄目，讓孩子檢視自己有什麼好習慣，鼓勵孩子自省並保持良好的習慣，長大成為擁有良好態度和修養的好孩子。

新雅・點讀樂園 升級功能

以互動方式提升孩子的思考力，養成好習慣！

　　本系列屬「新雅點讀樂園」產品之一，若配備新雅點讀筆，爸媽和孩子可以使用全書的點讀功能，孩子可以先點選情境故事的內容，聆聽和理解所發生的事情，然後思考該怎樣做，選出合適的答案。透過互動遊戲的方式，讓孩子邊聽邊學邊玩，同時提升解決問題的能力，培養良好的個人素質。

　　「新雅點讀樂園」產品包括語文學習類、親子故事和知識類等圖書，種類豐富，旨在透過聲音和互動功能帶動孩子學習，提升他們的學習動機與趣味！

想了解更多新雅的點讀產品，請瀏覽新雅網頁(www.sunya.com.hk)或掃描右邊的QR code進入 新雅・點讀樂園 。

如何使用新雅點讀筆閱讀故事？

1. 下載本故事系列的點讀筆檔案

1. 瀏覽新雅網頁(www.sunya.com.hk) 或掃描右邊的QR code 進入 新雅・點讀樂園 。

2. 點選 下載點讀筆檔案 ▶ 。

3. 依照下載區的步驟說明，點選及下載《小跳豆幼兒好習慣情境故事系列》的點讀筆檔案至電腦，並複製至新雅點讀筆的「BOOKS」資料夾內。

2. 啟動點讀功能

開啟點讀筆後，請點選封面右上角的 新雅・點讀樂園 圖示，然後便可翻開書本，點選書本上的故事文字或圖畫，點讀筆便會播放相應的內容。

3. 選擇語言

如想切換播放語言，請點選內頁右上角的 粵 ☆ 普 圖示，當再次點選內頁時，點讀筆便會使用所選的語言播放點選的內容。

如何運用點讀筆進行互動學習

點選圖中的角色，可聆聽對白

點選語言圖示，可切換至粵語、口語或普通話

在巴士上

星期天，豆爸爸帶糖糖豆上街去。剛上巴士，乘客不多，他們各自坐了一個座位。後來，乘客漸漸多了。這時有一位老伯伯牽着老婆婆上了車。豆爸爸立刻讓座給老婆婆，還請糖糖豆讓座給老伯伯。接下來，糖糖豆該怎樣做才是正確的呢？

1 先點選情境文字的頁面，聆聽和理解所發生的事情

小朋友，請你閱讀以下選項，然後在右頁選出正確答案：

我的選擇是：Ⓐ Ⓑ 　　　粵 ★ 普

選擇A

糖糖豆立刻把座位讓給老伯伯，說：「老伯伯，請您坐下吧！」

選擇B

糖糖豆望着窗外，假裝聽不到爸爸的說話。

2 翻至下一頁，你可先點選頁面，聆聽選擇A和選擇B的內容

3 最後作出你的選擇！點選 Ⓐ 或 Ⓑ，然後聽一聽你是否選對了

每冊書末同時設有「親子說一說」欄目，給家長一些小提示，
讓家長在跟孩子進行親子閱讀時，也能一起討論他們所選擇的結果啊！

在巴士上

　　星期天，豆爸爸帶糖糖豆上街去。剛上巴士，乘客不多，他們各自坐了一個座位。後來，乘客漸漸多了，這時有一位老伯伯牽着老婆婆上了車。豆爸爸立刻讓座給老婆婆，還請糖糖豆讓座給老伯伯。接下來，糖糖豆該怎樣做才是正確的呢？

選擇 A

糖糖豆立刻把座位讓給老伯伯，說：「老伯伯，請您坐下吧！」

選擇 B

糖糖豆望着窗外，假裝聽不到爸爸的說話。

在行人道上

　　下車後，糖糖豆看見她的好朋友脆脆豆和他的媽媽就在前面，於是上前跟他們打招呼。大家站在行人道上聊天。後來，糖糖豆發現行人道上人來人往很擁擠。接下來，糖糖豆該怎樣做才是正確的呢？

選擇 A

糖糖豆牽着爸爸，脆脆豆也牽着他的媽媽，他們走到行人道的一旁才繼續交談。

選擇 B

　　糖糖豆堅持要牽着爸爸和脆脆豆，脆脆豆又牽着他的媽媽，於是大家橫排站在路中心，佔滿了行人道。

在公園裏

　　跟脆脆豆道別後，豆爸爸帶着糖糖豆經過一個美麗的公園。糖糖豆被芬芳鮮豔的花兒吸引，她很想把花兒帶回家，做成乾花書籤。接下來，糖糖豆該怎樣做才是正確的呢？

選擇 A

　　糖糖豆心想：「花園裏有那麼多花朵，我只帶一朵回家也沒問題吧！」

選擇 B

　　糖糖豆心想：「如果每個人都隨便採摘花朵，那就再也見不到漂亮的花了！」於是她只靜靜地站着欣賞花兒。

在圖書館裏

豆媽媽帶跳跳豆到圖書館去。跳跳豆和媽媽各自在書架上找圖書。跳跳豆找到了一本他最喜歡的故事書。接下來，跳跳豆該怎樣做才是正確的呢？

選擇 A

　　跳跳豆大聲叫喚：「媽媽，我找到了一本消防員故事書！」

選擇 B

　　跳跳豆找到了一個座位，坐下來靜靜地看圖書。

在看圖書時

　　跳跳豆借了圖書回家。他一邊吃零食，一邊看圖書。跳跳豆的手沾上了巧克力醬。接下來，跳跳豆該怎樣做才是正確的呢？

選擇 A

　　跳跳豆心想：「這本圖書是借回來的，弄髒了也沒關係。」於是他繼續邊吃邊看圖書。

選擇 B

　　跳跳豆立刻抹乾淨雙手，然後專心地看圖書，不再邊吃邊看了。

在遊樂場裏

　　下午，跳跳豆和糖糖豆約了哈哈豆到遊樂場玩耍。糖糖豆和哈哈豆去玩蹺蹺板。跳跳豆去溜滑梯。他看見滑梯上沒有小朋友，便貪玩起來，想用其他方式溜滑梯。接下來，跳跳豆該怎樣做才是正確的呢？

選擇 A

　　跳跳豆從滑梯的底端倒爬上去，還留下了腳印！

選擇 B

　　跳跳豆還是保持耐性，慢慢地走上滑梯梯級，這樣會比較安全，也不會弄髒滑梯。

在家裏

　　哈哈豆邀請跳跳豆和糖糖豆到他的家裏玩。哈哈豆的媽媽準備了水果給他們吃。哈哈豆最愛吃香蕉。當他吃完香蕉後，想隨手把香蕉皮從窗口扔下去。接下來，跳跳豆和糖糖豆該怎樣做才是正確的呢？

選擇 A

　　跳跳豆和糖糖豆覺得這樣真方便，於是也隨着哈哈豆把香蕉皮扔出窗外，然後去玩耍。

選擇 B

　　跳跳豆和糖糖豆立即制止哈哈豆，請他把香蕉皮扔進垃圾桶裏。

33

親子說一說

小朋友，看完這本書，你可以看看自己選得對不對。 如果你選了 7 個 😃，你就是一個有公德心的好孩子了。

情境	選擇A	選擇B	小提示
在巴士上	😃	🙁	小朋友在乘車時，如果遇到有需要的人，例如：老弱人士、懷孕的媽媽或身體有缺陷的人，我們可以選擇把座位讓給他們，因為這是關懷別人的一種美德。
在行人道上	😃	🙁	外出遊玩時，小朋友多喜歡手拉手行走。不過我們也要留意行人道上的情況。在人來人往的時候，如果我們手拉手橫排站在路中心，就會霸佔着通道，為其他行人帶來不便呢！
在公園裏	🙁	😃	公園是社區共享的地方。所以小朋友即使看見美麗的花朵，也不要據為己有，讓別人也有機會欣賞。同樣地，小朋友也不應該踐踏或弄髒遊樂設施，要保持潔淨，讓其他小朋友也可以快樂地玩耍。

情境	選擇A	選擇B	小提示
在圖書館裏	☹	☺	圖書館是給人閱讀圖書的地方,大家保持安靜,才能專心和好好的閱讀。小朋友即使想跟爸媽或朋友們談話,也要將音量收細,以免影響別人。
在看圖書時	☹	☺	小朋友不應該一邊看書,一邊吃東西,尤其是借回來的圖書,不是屬於自己的,我們更加要保持圖書潔淨。
在遊樂場裏	☹	☺	小朋友,我們在遊樂場玩耍的時候,也別忘了要注意公德。如果因為一時貪玩,踐踏花草、在座椅上亂跳,又或是胡亂塗鴉,就會破壞遊樂場的設施了。
在家裏	☹	☺	小朋友,別因一時方便或貪玩,便隨手把垃圾拋出窗外,這樣的行為是不道德的。從高處擲物不但有機會弄髒別人的身體,也有可能會弄傷別人!

　　什麼公德心？公德心就是在公共場合不妨礙別人，不損害別人的利益，這是做人最基本的道德修養。那麼，怎麼培養孩子的公德心呢？爸媽要在生活點滴中，培養孩子自覺地遵守社會義務，養成良好的習慣，培養他們在公共場所的教養和禮儀。

及時糾正：當孩子做出欠缺公德心的行為時，立即明確地告訴他，他的行為是不當的。

透過日常生活教育：教育孩子有公德心，身教是十分重要的，所以爸媽在日常生活中，也要當個好榜樣呢！

設身處地的教育方式：運用貼合孩子生活的例子，讓孩子明白什麼是公德心，會有什麼感受和後果。例如：當孩子隨意踩踏座椅時，可以問他：「如果你現在坐的座位之前也是有小朋友在上面踩踏，跳來跳去。而你坐上去了，你會有什麼感受？」

我的好習慣

小朋友，你做過哪些有公德心的行為？請你寫在下面的獎狀上或畫出來，然後請爸媽給你塗上心心吧！

我學會：

做得真好！

小跳豆 故事系列（共8輯）
Jumping Bean

讓豆豆好友團 陪伴孩子快樂成長！

提升自理能力，學習控制和管理情緒！

幼兒自理故事系列（一套6冊）

《我會早睡早起》
《我會自己刷牙》
《我會自己上廁所》
《我會自己吃飯》
《我會自己收拾玩具》
《我會自己做功課》

幼兒情緒故事系列（一套6冊）

《我很生氣》
《我很害怕》
《我很難過》
《我很妒忌》
《我不放棄》
《我太興奮》

培養良好的品德，學習待人處事的正確禮儀！

幼兒德育故事系列（一套6冊）

《我不發脾氣》
《我不浪費》
《我不驕傲》
《我不爭吵》
《我會誠實》
《我會關心別人》

幼兒禮貌故事系列（一套6冊）

《在學校要有禮》
《吃飯時要有禮》
《客人來了要有禮》
《乘車時要有禮》
《在公園要有禮》
《在圖書館要有禮》

建立良好的心理素質，提高幼兒的安全意識！

幼兒生活體驗故事系列（一套6冊）

《上學的第一天》
《添了小妹妹》
《我愛交朋友》
《我不偏食》
《我去看醫生》
《我迷路了》

幼兒生活安全故事系列（一套6冊）

《我小心玩水》
《我不亂放玩具》
《我小心過馬路》
《我不亂進廚房》
《我不爬窗》
《我不玩自動門》

培養孩子良好的習慣和行為，成為守規矩和負責任的孩子！

幼兒好習慣情境故事系列（一套6冊）

《公德心》
《公眾場所》
《社交禮儀》
《清潔衛生》
《生活自理》
《與人相處》

幼兒好行為情境故事系列（一套6冊）

《我要做個好孩子》
《我要做個好學生》
《我要做個好公民》
《我要注意安全》
《我要有禮貌》
《我要有同理心》

小跳豆幼兒好習慣情境故事系列
公德心

原著：楊幼欣
改編：新雅編輯室
繪圖：劉麗萍
責任編輯：趙慧雅
美術設計：劉麗萍
出版：新雅文化事業有限公司
香港英皇道499號北角工業大廈18樓
電話：(852) 2138 7998
傳真：(852) 2597 4003
網址：http://www.sunya.com.hk
電郵：marketing@sunya.com.hk
發行：香港聯合書刊物流有限公司
香港荃灣德士古道220-248號荃灣工業中心16樓
電話：(852) 2150 2100
傳真：(852) 2407 3062
電郵：info@suplogistics.com.hk
印刷：中華商務彩色印刷有限公司
香港新界大埔汀麗路36號
版次：二〇二二年七月初版

ISBN: 978-962-08-7961-6
© 2013, 2022 Sun Ya Publications (HK) Ltd.
18/F, North Point Industrial Building, 499 King's Road, Hong Kong
Published in Hong Kong, China
Printed in China